Adivina quién
teje

WITHDRAWN

Sharon Gordon

New York

Puedo vivir adentro
o afuera.

Pero tal vez no me veas.

Mi cuerpo tiene dos partes.

En la parte de arriba
tengo los ojos, las patas
y la boca.

La parte de abajo de mi
cuerpo es grande y
redonda.

Tengo ocho patas.

Si pierdo una, otra me vuelve a crecer.

En la punta de cada pata tengo pequeñas garras.

Estas garras me sirven para escalar.

¡Puedo caminar patas arriba!

Tengo dos *palpos*.

Los uso para comer mi alimento.

Tengo unos pequeños pelos en mi cuerpo.

Con ellos percibo el movimiento del aire cuando hay algo cerca.

Tengo dos mandíbulas fuertes.

En cada una hay un *colmillo* afilado.

Puedo tejer una telaraña.

Está hecha de *seda*.

Es fuerte y pegajosa.

Atrapo mi alimento en la telaraña.

Unas veces me lo como de inmediato.

Otras veces lo guardo para más tarde.

Pongo huevos pequeños.

Los envuelvo en seda.

Mis crías nacen en pocas semanas.

Viven cerca de un año.

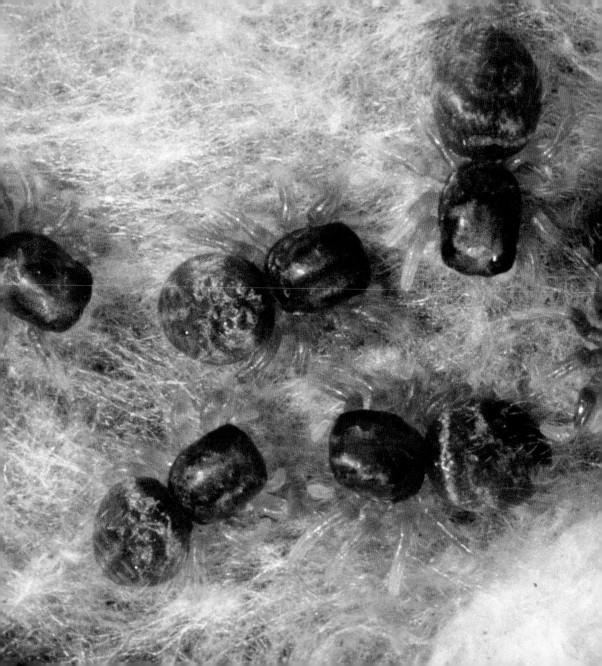

Me estoy acercando.

¿Me ves ahora?

¿Quién soy?

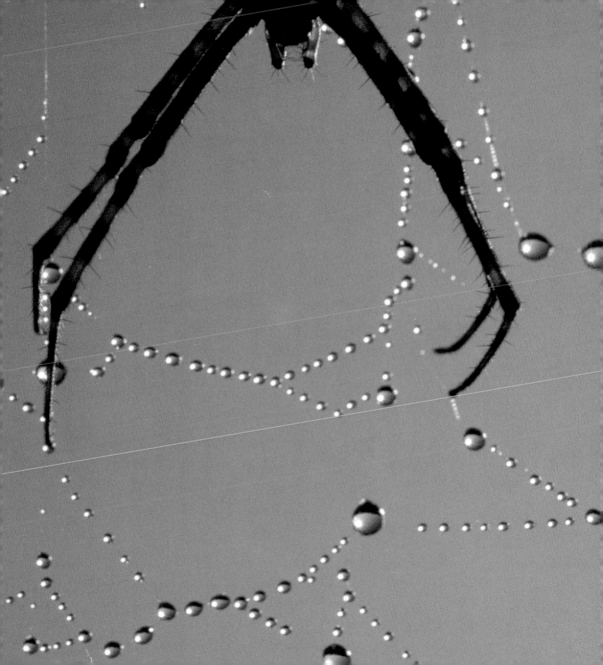

¡Soy una araña!

¿Quién soy?

colmillos

garras

huevos

palpos

patas

telaraña

Vocabulario avanzado

colmillos Partes del cuerpo de la araña que le sirven para agarrar y sostener el alimento.

palpos Dos partes, junto a la boca de la araña, que le sirven para comer.

seda El hilo pegajoso que las arañas usan para tejer telarañas.

Índice

Las páginas indicadas con números en **negrita** tienen ilustraciones.

Sobre la autora

Sharon Gordon ha escrito muchos libros para niños y ha trabajado como editora. Sharon y su esposo Bruce tienen tres niños, Douglas, Katie y Laura, y también tienen una perrita consentida llamada Samantha. Viven en Midland Park, New Jersey.

With thanks to Nanci Vargus, Ed.D. and Beth Walker Gambro, reading consultants

Marshall Cavendish Benchmark
99 White Plains Road
Tarrytown, New York 10591-9001
www.marshallcavendish.us

Text copyright © 2008 by Marshall Cavendish Corporation

Library of Congress Cataloging-in-Publication Data

Gordon, Sharon.
[Guess who spins. Spanish]
Adivina quién teje / por Sharon Gordon.
p. cm. – (Bookworms. Adivina quién)
Includes index.
ISBN-13: 978-0-7614-2871-8
ISBN-10: 0-7614-1768-0 (English ed.)
1. Spiders–Juvenile literature.
I. Title. II. Series: Gordon, Sharon. Bookworms. Guess who?
QL458.4.G6718 2007
595.4'4–dc22
2007024823

Spanish Translation and Text Composition by
Victory Productions, Inc.

Photo Research by Anne Burns Images

Cover Photo by *Corbis*/Robert Pickett

The photographs in this book are used with permission and through the courtesy of:
Corbis: pp. 1, 13 Joe McDonald; pp. 9, 28 (top l.) Clouds Hill Imaging Ltd; pp. 17, 29 (right) Julie Habel; p. 25 Dewitt Jones. *Animals Animals*: p. 3 James Robinson. Dwight R. Kuhn: pp. 5, 11, 15, 23, 28 (bottom l.& r.). *Peter Arnold*: pp. 7, 21, 27, 28 (top r.), 29 (left) Hans Pfletschinger. *Visuals Unlimited*: p. 19 Steve Maslowski.

Series design by Becky Terhune

Printed in Malaysia
1 3 5 6 4 2